3. Auflage 2020
© 2014 Verlag Heiderose Fischer-Nagel,
Brunnenstraße 7, D-34286 Spangenberg
Tel.: 05663-280, Fax: 05663-6562
E-Mail: fischer-nagel@t-online.de, URL: www.fischer-nagel.de
Alle Rechte, auch die der Bearbeitung oder auszugsweisen Vervielfältigung
gleich durch welche Medien, vorbehalten.
Fotos Seite 29 u., 36, 37: Tamarica Fischer-Nagel;
Seite 20: www.fotofeeling.de; Seite 31 r.M.: Christian Kooymann;
Seite 30 r.u.:Matt Reinbold; Seite 31 r.u.: Ton Rulkens;
Seite 44 l.: Svanjan; Seite 44 o.r.: Vinc3Paul5; Seite 30 r.o.: unbekannt;
Seite 8, 9, 31 o. + u., 40 alle, 41 l.: Dr. Diethelm Rabe;
Seite 28 o.l., 29 o., 44 u., 45 beide: Dr. Reinhard Radke.
Seite 14, 15 u., 16 u., 17, 18, 19 u., 20, 21, 34: Dr. Thorsten Scheel
alle übrigen 36 Fotos Telse Meyer und Dr. Dirk Blumenberg

Druck: Grafisches Centrum Cuno GmbH & Co. KG, Calbe
Printed in Germany

ISBN 978-3-930038-37-4

Heiderose und Andreas Fischer-Nagel

Erdmännchen

Verlag Heiderose Fischer-Nagel

Erdmännchen mögen's heiß

In Südafrika leben die Erdmännchen. Hier, unterhalb des Äquators, sind die Sommer trocken und heiß, die Winter mild und feucht. Der Unterschied zwischen Tag- und Nachttemperatur kann mit bis zu 20 Grad sehr groß sein. Monatelang ist es extrem heiß und trocken und auf einmal regnet es so, dass selbst in der Wüste von Überschwemmungen gesprochen wird.

Würde man von West nach Ost durch Südafrika reisen, käme man zuerst durch die Namib-Wüste und später durch die Kalahari. Zwischen diesen großen Wüsten befindet sich karges Grasland.

Können hier, wo die Landschaft sich zu riesigen Sandgebirgen auftürmt, die Luft von der Hitze flimmert und kein Mensch sich hin verirrt, tatsächlich Tiere leben?

Familie Erdmännchen liebt es heiß und sonnig. Stundenlang aalen sich die Tiere im heißen Sand, graben nach Nahrung und fühlen sich wohl. Die dagegen sehr kalte Nacht überstehen sie in unterirdischen Höhlen, in denen sich die Erdmännchenfamilie gegenseitig wärmt. So muss keines von ihnen frieren oder sich fürchten.

6

Lebensraum Savanne

Der Lebensraum der Erdmännchen, der scharrenden Kobolde, ist die Wüste am Rande der Savanne. Kein Baum oder Strauch gibt ihnen oder ihren Feinden Deckung. Sie selbst müssen lange Trockenzeiten überstehen, in denen es weniger Beute gibt als zu jenen Zeiten, in denen Niederschläge Büsche und Gras blitzschnell wachsen lassen.

Die Savanne sieht unterschiedlich aus: Wir unterscheiden die Dornsavanne mit Dornbüschen und Bäumen, die ein bis drei Meter hoch werden, von der Trockensavanne.
Hier regnet es öfter und etwas mehr als

in der Dornsavanne, sodass lange Zeit Gras wächst, auf dem Tiere, wie Antilopen und Elefanten, Gnus und Gazellen, weiden.
Es gibt sogar einige Bäume, zum Beispiel den Baobab, den Affenbrotbaum, der typisch für Afrika ist.

Schließlich geht die Trockensavanne in die Feuchtsavanne über, in der noch mehr Pflanzen wachsen.
Das Gras wird zwei bis drei Meter hoch und es gedeihen ganz unterschiedliche Bäume.
Im dichten Grasland finden noch andere Tiere Lebensraum und Nahrung, Nager, Raubtiere, sowie zahlreiche Insekten.

In dieser Region Afrikas ist es im Januar und Februar besonders heiß. Erst ab März wird es kühler und während wir uns in den Sommerferien über richtiges Badewetter freuen, ist es in Afrika mit nur 20 Grad am kühlsten im ganzen Jahr.

Immer wachsam!

Den Blick in die Ferne gerichtet, halten die Wächter der Erdmännchenkolonie Ausschau nach Feinden. Immer vorsichtig, immer auf der Hut lässt jeder einzelne von ihnen den Horizont und die Umgebung nicht aus den Augen. Jede Bewegung, jeder Schatten könnte Gefahr für die Sippe bedeuten.
Während sie wachen, suchen die anderen Mitglieder der Familie sorglos nach Nahrung.
Ein warnendes Bellen oder helles Pfeifen von ihm und alle verschwinden blitzschnell in ihrem Bau. Nachts verkriechen sie sich in ihren unterirdischen Gängen und Höhlen und wärmen sich gegenseitig. Allein hätte keines der Tiere eine Überlebenschance. Nur im Familienverband mit bis zu 30 Tieren sind Erdmännchen stark.

11

Klein, aber oho!

Erdmännchen gehören zur Familie der »Mangusten«, der Schleichkatzen. Inzwischen kennt fast jeder die aufmerksamen, Männchen machenden, kleinen Raubtiere, die ungefähr so groß wie Wiesel sind. Sie werden um die 30 bis 33 Zentimeter groß und haben einen 25 Zentimeter langen Schwanz, den sie wie ein drittes Bein beim Sitzen und Stehen als Stütze nutzen können. Außer der aufrechten Körperhaltung ist das ständige Scharren in der Erde ganz typisch für sie.

Minutenlang sitzen Erdmännchen kerzengerade mit lässig herabhängenden Vorderbeinen an einer Stelle. Mit ihren schwarzen, dunkel umrandeten Augen sehen sie wie kleine Banditen aus, die gerade nach ihren Verfolgern Ausschau halten. Sie sind so aufmerksam, dass ihnen tatsächlich weder ein Beutetier noch ein Jäger entgeht, der ihnen nachstellt.

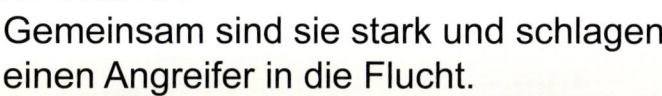

Feinde, die sie am Boden angreifen, versuchen sie als Gruppe unschädlich zu machen. Gemeinsam sind sie stark und schlagen einen Angreifer in die Flucht.

In ihrer rüsselartigen Schnauze verbirgt sich ein Raubtiergebiss mit 36 bis 38 spitzen Zähnen. Erdmännchen können also ordentlich zubeißen.

Ihr raues Fell ist graubraun bis weißgrau und zeigt auf dem Rücken acht bis zehn auffällige, dunkle Querstreifen. Das Fell verschmilzt farblich mit dem Boden ihres Lebensbereiches und ist so die perfekte Tarnung. Ihre kleinen Ohren und die Schwanzspitze sind schwarz.

Die Männchen sind etwas größer als die Weibchen. An den Pfoten haben Erd-männchen je vier Krallen, wobei die an den Vorderpfoten besonders auffällig und kräftig sind. Mit ihnen graben sie sich rasend schnell durch die Erde und legen unterirdische Gänge und Höhlen an. Kein Wunder, dass viele Afrikaner sie »Scharrtiere« nennen.
Das Weibchen auf dem Bild links hat einen kugelrunden Bauch. Es ist träch-tig und wird bald seine Jungen zur Welt bringen.

Die Babys

Im Schutz der unterirdischen Höhlen werden nach einer Tragzeit von elf Wochen vier bis fünf Junge geboren.

Die winzigen Erdmännchenkinder wiegen zwischen 40 und 60 Gramm. Die Augen und Ohren der Kleinen sind bei der Geburt noch geschlossen, sie öffnen sich erst einige Tage später. Das Fell ist dünn und spärlich, sodass sie von der Mutter gewärmt werden müssen. Meist befinden sich die Jungen dabei direkt unter ihrem Bauch. Wenn alle Jungen gesäugt sind, bildet die Mutter mit ihrem Körper eine Art schützende Brücke über ihnen. Dabei steckt sie sogar den Kopf durch die Vorderbeine zu ihren Jungen hin, um »den Schlafraum« zu schließen. So bleibt es immer schön kuschelig und warm.

Beim Säugen liegt das Weibchen entspannt auf dem Rücken. Es hat sein erstes Junges sanft zu den Zitzen geschoben. Die erste Milch ist besonders vitaminreich und stärkt die Neugeborenen. Niemals hat ein Weibchen mehr als fünf Junge.

Die Erdmänn-chenkinder werden in den ersten Tagen nur gesäugt. Dabei verändert die Mutter häufig ihre Stellung, sodass die Jungen zwischen den sechs Zitzen wechseln können. Findet eines nicht gleich die richtige Stelle, schiebt sie es sanft mit der Schnauze dorthin.

Sobald die Kleinen ungefähr zehn Tage alt sind, öffnen sich zuerst ihre Augen, etwas später die Ohren. Die Mutter fordert mit ihrer Körperhaltung von nun an ihre Jungen auf, selbst zum Säugen zu kommen.

Drei- bis viermal im Jahr bekommt nur das ranghöchste Weibchen Junge. Da Erdmännchen sehr familiär sind und die Gruppe zusammenbleibt, ist es kein Wunder, dass man Jungtiere verschiedenen Alters in der Familie entdeckt.

Während das Allerkleinste noch auf dem Bauch der Mutter nach Wärme und Schutz sucht, sitzt das Größere gemütlich auf Mutters Bauch und guckt neugierig in die Runde.
Die älteren Geschwister wirken sogar bei der Erziehung der jüngsten Familienmitglieder mit oder passen auf die zuerst noch unsicheren Jungen auf.

Blitzhochzeit

Eine richtige Hochzeit,
wie bei den meisten Tieren
zu beobachten ist, gibt es bei den
Erdmännchen nicht.

Die Paarung ist eine blitzschnelle Angelegenheit.
Das Männchen bemüht sich gar nicht
so recht um das Weibchen. Auffällig ist,
dass sich nur die ranghöchsten Tiere
miteinander paaren, die, die an der Spitze der Erdmännchenfamilie stehen.
Andere Weibchen werden nur sehr selten trächtig. Erstaunlicherweise könnten
sie aber, wenn ein Unglück geschieht
und die Kleinen mutterlos wären, die
Jungen säugen. Das ist ungewöhnlich,
denn normalerweise wird der Milchfluss
nur durch den Geburtsvorgang ausgelöst.
Die Vermehrung der Tiere ist damit eingeschränkt. Wäre das nicht so und alle
Weibchen der Familie würden trächtig
werden, wären bald alle Beutetiere in der
Umgebung aufgefressen und die Erdmännchen müssten vielleicht hungern.

Bereits mit einem Jahr sind Erdmännchen geschlechtsreif.

Neugierige Kinder

Neugierig tapsen die Jungen zwischen den älteren Tieren herum. Sie beschnüffeln ihre Familienmitglieder und beobachten ganz genau. Sie lernen alles, was für Erdmännchen wichtig ist. Dazu gehört neben der Jagd, dass es eine bestimmte Ecke gibt, die als Toilette genutzt wird. Auf all ihren Wegen und bei all ihren Erkundungsgängen werden die kleinen Erdmännchen gut beschützt.

Sie genießen die Sonnenwärme und kuscheln sich in den heißen Sand. Sie flitzen herum und beginnen zu buddeln. Nicht eine Sekunde brauchen sie um ihr Leben zu fürchten. Der ganze Familienclan behält sie ständig im Auge. Das »Miteinander« ist ihr erfolgreichster Überlebenstrick.

packt, ehe man sie auf-
frisst. Das Männchen
beteiligt sich zunächst
kaum an der Versor-
gung. Es hilft dem Weib-
chen nur, den Bau zu
reinigen.
Erst später, wenn die
Jungen draußen selbst-
ständiger werden, be-
ginnt seine Eltern- und
Erziehungszeit.

Doch was ist los? Auf
einmal packt die Mutter
ein Junges nach dem
anderen und trägt es
schnell in den Bau.

Erdmännchenkinder lernen schnell

Erdmännchenkinder
wachsen rasch heran.
Schon im Alter von
sechs Wochen bekom-
men sie die erste feste
Nahrung. Das sind zu-
nächst kleine Insekten.
Die Mutter füttert ihre
Jungen nicht, sondern
wartet darauf, dass sie
gierig nach ihrer Beute
schnappen.
Auf diese Weise ler-
nen die Jungen ihre
zukünftigen Beutetiere
kennen und vor allem,
wie man sie geschickt

Droht Gefahr?
Es gibt zwei Gründe, warum Junge weggetragen werden: Entweder befinden sie sich in Gefahr und kommen selbst nicht schnell genug in ihren Bau. Oder sie sind noch klein und es gibt nicht mehr genug Nahrung rund um den Bau. Dann nämlich muss die Erdmännchenfamilie umziehen.

Meist hat die Familie mehrere Baue.
Auf dem Bild siehst du, wie die Mutter die Kleinen am Genick packt. Sie werden dabei von ihr nicht verletzt, sondern hängen ganz ruhig in ihrem Maul. Man sagt, dass die Jungen sich in einer »Tragstarre« befinden. Sobald die Jungen größer sind, packt die Mutter sie zum Transport am Kopf, in der Körpermitte oder sogar am Hinterbein.

pen, rangeln miteinander oder schlafen erschöpft.

Plötzlich ertönt der schrille Warnruf des Wächters. Er sitzt in aufrechter Haltung auf der kleinen Anhöhe. Am Himmel hat er einen Feind entdeckt! Groß und mächtig kreist ein Geier über ihnen, einer der größten Feinde der kleinen Erdmännchen. In Windeseile flitzt die gesamte Erdmännchenfamilie in Deckung, hinein in den Schutz der dunklen Höhlen. Auch vor Schakalen und Wildhunden müssen sie sich in Acht nehmen. Ebenso stellen kleinere Beutegreifer, wie Marder oder Schlangen, den kleinen Erdbewohnern nach.

Aufgepasst!

Bald spielen die Jungen in der Nähe des Baues in der Sonne. Es hat ein bisschen gedauert, bis sie sich mit knapp vier Wochen aus dem dunklen Inneren ihrer Höhle ans Tageslicht gewagt haben. Doch von Tag zu Tag werden sie sicherer. Sie buddeln und graben, versuchen Insekten zu schnap-

Nicht einzuschätzen bleibt stets die Gefahr durch lange Trockenperioden oder zu heftige Niederschläge in der Regenzeit. Das Leben der Erdmännchen ist in jedem Fall gefährdet, wenn es aus irgendwelchen Gründen nicht genug Nahrung für sie gibt. Deshalb zieht die Familie immer dann weiter, wenn es in der Umgebung ihres Baues nicht mehr genug zu fressen gibt.

Immer öfter wagen sich die Erdmännchenkinder ans Tageslicht. Sie
werden von ihren Babysittern be-
stens bewacht, während die Mutter
nach der langen Zeit endlich wieder
selbst auf Nahrungssuche geht.
Das helle Licht, die neuen Gerüche
und so viel Sand zum Graben - im
Augenblick ist für die Kleinen alles
noch neu und spannend.

Sobald die Erdmännchenkinder das erste Mal nach Nahrung buddeln, stehen ihnen alle Familienmitglieder helfend zur Seite. Nicht nur der Vater, der jetzt die Hauptaufsicht hat, jedes Familienmitglied ist Babysitter und sämtliche »Tanten und Onkel« behüten die Jungen. Sie wechseln sich beim Wachehalten ab und graben mit ihnen gemeinsam Beutetiere aus. Vorsichtshalber entfernen sie in dieser Zeit sogar den giftigen Stachel des Skorpions, ehe ihn die Jungen fressen.

Feinde lauern überall!

Achtung! Ein Schakal streift in der Nähe des Baues herum. Der schrille Pfiff der Wächter war unüberhörbar. Ruckzuck sind alle Erdmännchen im Bau verschwunden. Mucksmäuschenstill verharren sie dort und hoffen, dass die Gefahr bald vorüber ist.

Mit ihren zahlreichen verschiedenen Lautäußerungen können die Erdmännchen ihre Feinde manchmal in die Flucht schlagen. Die Angreifer denken, dass es aufgrund der Lautstärke sehr große oder vor allem sehr viele Tiere sind und möchten selbst kein Risiko eingehen.

Schakale sehen wie bunte kleine Wölfe aus. Sie leben von verendeten Tieren, jagen aber gerne auch kleinere Wirbeltiere wie Mäuse und Erdmännchen.

Besonderes Augenmerk richtet der »diensthabende Wächter« der Kolonie auf Angreifer aus der Luft, denn sie kommen lautlos und schnell. Adler, Falken *(oben der Lanerfalke)* und Habichte *(rechts oben der Singhabicht)* stoßen blitzartig zu. Nur, wenn der Wächter rechtzeitig die Gefahr erkennt, schafft es die Erdmännchenfamilie in den Bau. Gefährlich sind Schlangen, die versuchen, in den Bau zu gelangen. Die Erdmännchen greifen sie furchtlos an und schaffen es meist, den unangenehmen Besucher zu vertreiben.

Der Gepard ist das schnellste Landsäugetier der Welt. Anders als Schakal, Wildhund oder Hyäne fängt er seine Beute, wenn sie schon auf der Flucht in den Bau ist.

Mit seinem gefleckten Fell ist der Gepard in der Anschleichphase im höheren Grasland gut getarnt. Durch sein Anschleichen verringert er zunächst den Abstand zur Beute, bis er schließlich aufspringt und sie mit wenigen Sprüngen oder nach einer kurzen schnellen Verfolgung zur Strecke bringen kann.

Raubtier Erdmännchen

In der Nähe des Baues graben die Erdmännchen nach Nahrung. Weder Heuschrecken, Käfer und ihre Larven noch
giftige Skorpione oder Spinnen sind vor
ihnen sicher.

Kleinere Wirbeltiere, wie Mäuse, aber
auch Schlangen und Eidechsen, Chamä-
leons, wie du eines auf dem Bild rechts
oben siehst, sowie kleine Vögel und ihre
Eier, stehen auf dem Speiseplan der so
possierlichen Raubtiere.

Erdmännchen sind geschickte Räuber.
Nur selten wird eines bei der Jagd durch
den giftigen Skorpionstachel getötet.
Die älteren Jungen bringen den Aller-
kleinsten der Familie bei, wie man Skorpione richtig schnappt.

Um die Jungen nicht zu gefährden,
entfernen die erfahrenen, älteren Tiere
der Familie bei den ersten Beute-Exem-

Die schnellen, kleinen Krabbeltiere mit
den großen Scheren am Kopfteil tragen
am Ende ihres in Ringe gegliederten
Hinterleibes einen gefährlichen Giftsta-
chel.

plaren, die die Jungen zum Kennenler-
nen bekommen, den Stachel.
Hauptsächlich fressen Erdmännchen
Insekten, wie zum Beispiel die manchmal zu Milliarden auftretenden Wüsten-
heuschrecken (Bild Mitte rechts). Gerne

verzehren sie auch verschiedene, süße Früchte, Wurzeln und die Samen einiger Pflanzen. Besonders bekannt ist die Marulafrucht *(rechts oben)*, die für viele Tiere, so auch für Elefanten, besonders lecker ist. Die Nahrung rund um den Bau reicht nur eine Weile aus. Sobald es nicht mehr genügend zu fressen gibt, ziehen die Erdmännchen weiter, graben sich neue Baue oder übernehmen die anderer Tiere.

31

»Einer für alle, alle für einen!«

Es ist noch nicht ausgewachsen und schaut doch schon so erwachsen und aufmerksam in die Runde.
Was das junge Erdmännchen wohl sieht? Es lässt sich noch nicht einmal stören, als ein anderes neugierig an seinem Fuß schnuppert. Es lernt Wächter zu sein.

Vielleicht hast du im Zoo schon selbst Erdmännchen beobachtet. Dann hast du bemerkt, wie sie sich nach einiger Zeit abwechseln.
So kann jedes mal fressen und jagen, mal in der Sonne liegen und schlafen oder die Kleinsten der Familie umsorgen.
Vor allem ist es nie still in der Familie. Es ist ein pausenloses Gequietsche, Geknuckere und Geknurre - Erdmännchen unterhalten sich ständig.

Die lustigen Kobolde werden in Gefangenschaft sehr zahm, aber man sollte sie trotzdem nicht als Haustiere halten. Sie brauchen sehr viel Platz, Wärme und geeignetes Futter. Das Allerwichtigste für sie ist der Kontakt mit Artgenossen. Ohne eine entsprechend große Familie werden sie krank.

Nur äußerst selten passiert es, dass ein Familienmitglied ausgestoßen wird. Es sind manchmal Weibchen, die trächtig geworden sind und nun vom Hauptweibchen verstoßen werden.

Ein einzelnes Erdmännchen schwebt dann in höchster Gefahr, ist schutzlos, auf sich gestellt und somit hilflos. Schnell wird es zur Beute anderer Tiere.

Lässt die Familie es nicht zurückkehren, muss es sterben.

Wie gut, dass manchmal ein verstoßenen Familienmitglied von einer anderen Sippe aufgenommen wird.

Familienbande

Schau nur, wie liebevoll sie miteinander umgehen!

Nase an Nase stehen die Erdmännchen nebeneinander und genießen die Wärme.

Vertraut schlingen sie ihre Vorderbeine umeinander und pflegen sich gegenseitig das Fell.

Sonnen, schlafen, kuscheln und sich pflegen, zwischendurch mit den Geschwistern raufen – Erdmännchen genießen ihr Leben.

Wohngemeinschaft

Obwohl Erdmännchen für ihr Leben gerne graben, übernehmen sie gelegentlich schon die fertigen Erdbauten der Erdhörnchen.

Erdhörnchen sehen mit ihren buschigen Schwänzen wie helle Eichhörnchen aus. Es gibt tatsächlich auch eine Art, die auf Bäumen lebt.
Diese Erdhörnchen hier jedoch leben genau wie unsere Erdmännchen in einem unterirdischen Gangsystem, in dem sie Junge bekommen, schlafen und Sicherheit finden.

Erdhörnchen fressen ebenfalls Insekten, sitzen gerne aufrecht, um Feinde rechtzeitig wahrzunehmen und sind tatsächlich auch gemeinsam mit Erdmännchen in einer Kolonie zu finden.
Dennoch sind diese beiden Tierarten nicht miteinander verwandt - nur ihre Lebensweisen sind fast gleich.

Noch nicht erwachsen

Den ganzen Tag über spielen die Jungen, graben, kämpfen miteinander, suchen nach Nahrung oder schlafen. Irgendwann liegen sie dann müde übereinander, ein richtiger »Erdmännchenturm« mitten in der Landschaft. Von Ferne sehen sie nun wie ein großes, pelziges Tier mit vielen Augen aus, an das sich so schnell niemand herantraut. Das kleine Erdmännchen rechts musste mal und hat durch Schnüffeln die richtige »Stelle« gefunden.

Noch müde?

Während die Jungen perfekt geputzt werden, nehmen es die älteren Tiere mit der Körperpflege nicht ganz so genau. Die Erdmännchen reinigen ihr Fell hauptsächlich, wenn sie in die Höhle schlüpfen oder herauskommen. Der Sand wird leicht vom rauen Fell abgestreift. Die Erdmännchen kratzen sich nur mit den Hinterbeinen oder knabbern mit den Zähnen im Fell, wenn sehr viel Schmutz daran haftet.

Und dieses hier?
Vielleicht ist es gerade
erst aufgestanden.
Vorsichtig bleibt es am Höhlenausgang
sitzen und gähnt noch etwas verschlafen
in die Morgensonne.

Zusätzlich nutzen sie ihre langen Krallen, die wie ein Kamm durch das Fell gleiten.

Hast du schon einmal einen Hamster gesehen, der sich verteidigt?
Die Erdmännchen verhalten sich ganz genauso wie der kleine Nager. Entweder greifen sie als Gruppe den Feind an oder nehmen eine Verteidigungsstellung ein, indem sie sich auf den Rücken werfen und ihr gefährliches Raubtiergebiss zeigen. Zusätzlich drohen sie mit ihren Krallen. Um andere zu beeindrucken, machen sie sich »groß«, senken ihren Kopf und stellen ihren Schwanz auf. Dabei ist ihr Fell so gesträubt, dass sie wie eine »Klobürste« aussehen. Dazu knurren sie gefährlich und gehen langsam auf ihren Gegner zu.

41

Mungos – die Verwandschaft

Erdmännchen gehören zur Familie der Mangusten, deren wissenschaftlicher Name *Herpestidae* darauf hindeutet, dass sie Schlangen jagen, denn *Herpes* bedeutet »die Schlange«.

Vielleicht kennst du dieses Tier aber auch aus dem »Dschungelbuch« als »Rikki-Tikki-Tavi«, den mutigen Mungo, der in dieser Geschichte eine Familie vor einer heimtückischen Kobra beschützt.

Das außer dem Erdmännchen wohl bekanntestes Mitglied dieser Tierfamilie ist sicherlich der »Indische Mungo« *(Bilder oben und rechts oben)*.
Er ist es, der Schlangen, unter ihnen sogar die gefährliche Kobra, angreift und tötet und deshalb in einigen Ländern als Haustier gehalten wird.

Meist leben sie allein oder zu zweit. Außer den Erdmännchen sind es jedoch nur noch die »Zebramanguste« *(links unten)* und die »Zwergmanguste«, die in Großfamilien leben und dadurch diesen großartigen Schutz vor Feinden genießen.

Den für uns etwas seltsam anmutenden Namen »Rot-Ichneumon« trägt das hier links und unten abgebildete Tier. Schau nur, es sieht aus, als ob es gerade eine leckere Heuschrecke verspeist hat. Es zeichnet sich außer durch seine tatsächlich sehr rote Fellfarbe dadurch aus, dass es die vielfältigsten Lebensräume Afrikas bewohnt. Man findet sie sowohl im dichten Wald als auch in der Savanne und der Wüste, die die Tiere paarweise durchstreifen.

Zu den Mangusten, diesen meist eher kleinen Raubtieren, gehören insgesamt 34 verschiedene Arten, die wir hier nicht alle zeigen oder beschreiben können.

Gute Nacht, Erdmännchen!

Nur in der Gemeinschaft sind Erdmännchen stark und überwältigen Feinde, die jederzeit leicht einen einzelnen aus der Gruppe hätten erbeuten können. Ihr Trick ist der Zusammenhalt, das Vertrauen zueinander und das perfekte Miteinander!

Nicht schützen können sie sich vor den Gefahren, die durch Hunger, Kälte und Nässe entstehen.

Das Klima, das sich auf unserer Welt ständig verändert, bedroht inzwischen sehr viele Tierarten.

Noch kommen genügend Erdmännchen aus ihren Höhlen. In der Natur werden sie ungefähr sechs Jahre alt. Bei uns in den Zoos und Tierparks, wo sie keine Feinde haben und immer genug zu fressen bekommen, werden sie zwölf bis fünfzehn Jahre alt.

Ein wenig wehmütig betrachtet dieses Erdmännchen den Sonnenuntergang und nimmt die Wärme der letzten Sonnenstrahlen auf. Die Nacht wird lang und kalt. Gut zu wissen, dass es tief im Inneren des Baues seinen Platz hat.

Dicht aneinandergekuschelt verbringen die Erdmännchen die kühle Nacht in ihrer einzigartigen, schützenden, großartigen Gemeinschaft.

Unsere weiteren Fotosachbücher: brillant, informativ,

978-3-930038-45-9

978-3-930038-13-8

978-3-930038-24-4

978-3-930038-17-6

978-3-930038-74-9

978-3-930038-15-2

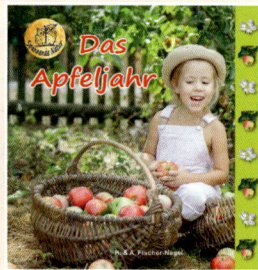

978-3-930038-04-6

978-3-930038-64-0

978-3-930038-90-9

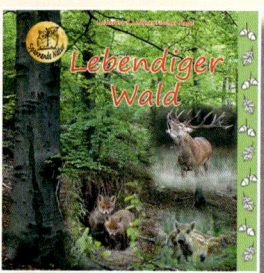

978-3-930038-38-1

978-3-930038-67-1

978-3-930038-25-1

978-3-930038-87-9

978-3-930038-46-6

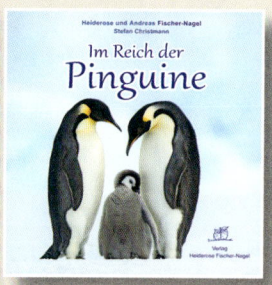

978-3-930038-47-3

978-3-930038-63-3

978-3-930038-31-2

978-3-930038-36-7

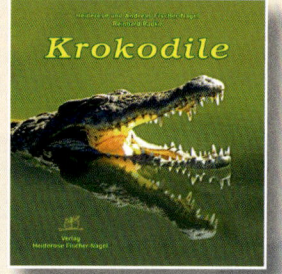

978-3-930038-35-0

978-3-930038-73-2

In Ihrer Buchhandlung oder Verlag Heiderose Fischer-Nagel, Brunnenstraße 7, D-34286 Spangenberg-